KOMM LICHT!

Susanne Schutkowski

KOMM LICHT!

Gedanken, Gebete, Gedichte, Meditationen

Bibliografische Information der Deutschen Nationalbibliothek:
Die Deutsche Nationalbibliothek verzeichnet diese Publikation in der Deutschen
Nationalbibliografie; detaillierte bibliografische Daten sind im Internet
über http://dnb.d-nb.de abrufbar

© 2010

Herstellung und Verlag: Books on Demand GmbH, Norderstedt

ISBN: 9783842383425

Auf dem Weg

Es ist Zeit,
höchste Zeit.
Ich will mich auf den Weg machen
und mein Leben leben.
Niemand lebt es für mich.
Will anfangen, die Verantwortung für mein Leben
anzunehmen, ernst zu nehmen.
Ich will mich auf den Weg machen,
ein Stückchen Freude zu finden,
will innehalten
im Drehen um mich selbst
im Gefangensein von Schmerzen, Angst und Traurigkeit.
Niemand kann ermessen,
wie schwer mir dieser erste Schritt fällt,
mich loszulassen, andere Gedanken zu denken,
als immer wieder Schmerz um Schmerz aufzuzählen,
den ich empfinde.
Ich mache mich auf die Suche,
neue Gedanken zu finden.
Das ist anstrengend, macht müde.

Aber da ist einer, der mich trägt.
Gott ist stärker als meine Angst vor Veränderung.
Gott geht nicht weg –
auch in meiner tiefsten Verzweiflung.

Das will ich glauben
und mich daran festhalten.

Schöpfer des Lebens

Erfüllt von deiner Gegenwart.

Das Glück springt mir
aus den Augen.

Gott, Schöpfer des Lebens,
mir fehlen die Worte
dir zu danken,
dich zu ehren.

Kann nur staunen und hinsehen,
fühlen und schmecken,
aufnehmen,
dankbar annehmen,
weitergeben
das Geschenk des Lebens,
das du gibst.

Weil Gott mitgeht

An der Hand meines starken Gottes,
geborgen in seiner Liebe
kann ich mich meinen dunklen Seiten,
meinen dunklen Gedanken stellen.

Alle Verletzungen, alle Bitterkeiten,
allen verdrängten Groll
schütte ich bei ihm aus,
nenne alles beim Namen

und lasse mich von dem trösten,
der allein wahrer Trost ist.
Lasse mich von dem heilen,
der mich wirklich heil machen kann,
auch von den schlimmsten Verletzungen
und dem Gefühl des Verlassenseins.

Weil ich nicht allein bin.
Weil er mit geht.
Den ganzen Weg.

Ein Segen sein

Möge Gott dich reich segnen
mit seinem köstlichen Segen,
dir alles geben, was du brauchst
und nötig hast,
dir all deine Wege ebnen
und Hindernisse
aus dem Weg räumen.

Möge Gott, der Herr über allem,
immer dein Schutz
und deine Zuflucht sein.

Mögest du gesegnet sein
und anderen zum Segen werden.

Gut, dass es dich gibt.

Getrost

Mut
wünsche ich dir,
dem Leben zu begegnen
bis in die tiefsten Tiefen.

Warm und geborgen
sollst du dich fühlen,
weil Gott dir seinen Mantel
aus Schutz und Liebe umlegt.

Getrost
sollst du in den Tag gehen
und wissen:

Du bist geliebt.

Alles Gute

Ich wünsche dir von Herzen
Gottes Wunder in deinem Leben,
die kleinen und die großen,
und dass Gott dir Augen schenkt,
die seine Wunder erkennen können.

Ich wünsche dir ein fröhliches Herz,
große Gelassenheit
und ein ganz tiefes Aufatmen
am Herzen und im Licht Gottes.

Du bist in Gottes Hand.

Ein Lächeln begleite deinen Tag

Dein Leben sei gesegnet,
deine Tage fröhlich.

Dein Körper und deine Seele
seien geschützt und geborgen.

Ein Lächeln begleite deinen Tag.

Wegbegleiter

Schützen will ich dich
und bergen,
behutsam nah an deiner Seite geh'n.
Stützen will ich dich
und leiten,
doch hoffe ich, dir nicht im Weg zu steh'n.

Zur Seite steh'n will ich
beizeiten
und wenn es nötig ist, zur Seite geh'n.
Will dir alles Gute gönnen
und wünsche mir für dich, dein Weg sei schön.

Erntedank

Mein Gott, was du geschaffen hast,
das kann ich gar nicht fassen.
Gibst Regen uns und Sonnenlicht, hast Saaten wachsen lassen.
Die Schöpfung ist so wunderbar und kunstvoll ausgedacht,
das Licht, das Leben hell und klar ist, was uns Freude macht.

Du machtest Meer und weites Land
und schufst der Bergen Höhn
und alles liegt in deiner Hand, wir dürfen Wunder sehn.

Wir können dir nur danken für deine Herrlichkeit.
Du hältst in deinen Händen den Menschen, Raum und Zeit.
Die Schöpfung, die wir quälen, die wird von dir befreit,
wenn wir zu dir gefunden bald in der Ewigkeit.

Krank liegst du da

Krank liegst du da.
Schwach und zerschlagen.
Hilflos musst du erleben,
wie die Kräfte schwinden.

Möge Gott dich reich segnen
und wieder stärken
in deiner Situation.

Möge er in deinem Herzen
wieder den Funken Lebensfreude entzünden,
den du so nötig brauchst.

Möge Gott selbst dir
die Geduld und die Gelassenheit geben
das Jetzt der Schwäche
anzunehmen und durchzustehen.

Möge Gott dir die Hoffnung stärken,
dass er dir wieder Hilfe
schicken kann.

Lieber Mensch

Lieber Mensch, der du geboren bist, weil einer dich wollte,
bedingungslos ja sagte zu dir schon bevor du da warst.
Herzlichen Glückwunsch zu Deinem Geburtstag!
Möge jeder Tag in Deinem neuen Lebensjahr
Gutes bringen, Glück und Zufriedenheit,
Frieden ins Herz und Dir recht oft Grund geben,
Dich von Herzen zu freuen!

Ich wünsche Dir alles, was Dich erfüllt, Dich glücklich macht,
und das sind oft nicht die großen Sensationen
in unserem Leben,
sondern die sogenannten kleinen Dinge auf unserer
Lebensreise.

Dir wünsche ich vor allem aber in allem
den reichen, tiefen Frieden und Segen Gottes
ganz persönlich für Dich
und auch für Deine Lieben um Dich herum.

Möge immer Zeit sein für kleine Pausen
und Sonnenschein und Blumen
am Wegesrand.

Gott möge Dir die Augen schenken,
diese Blüten zu sehen,
immer wieder,
selbst in der Ritze von
grauem, festgefahrenem Asphalt.

Ich will dich segnen

Du bist einzigartig.
Geschaffen aus Liebe.
Wunderbar gestaltet und ausgedacht
von einem guten Gott,
der dich ins Leben rief,
der will, dass es gerade dich gibt.

Du bist wunderbar gemacht.

Gott sagt:
ich will dich segnen
und du sollst ein Segen sein.

Wer nach Gott fragt

Wer nach Gott fragt,
ist an der richtigen Adresse.

Wer Gott nach dem Weg fragt,
findet sicher das Ziel.

Abend

Endlich Stille um mich her:
Vorbei Reden und Zuhörn müssen.

Endlich Stille und Schweigen.

Für kurze Zeit befreit
von der Last meiner Stunden.

Endlich Stille um mich her,
vorbei Denken müssen und Entscheiden.

Für kurze Zeit befreit
von Sehnsucht und Warten.

Herr,
nimm auch mein Erschöpft sein
in deine Hände.

Herr,
segne die Nacht
und schenke mir die Kraft,
die ich brauche,
für den neuen Tag.

Allein

Mit dicken Stopfen
verschließe ich meine Ohren.
Da bleibt kein Ritz und keine Lücke,
weil ich genug gehört habe,
um davon taub zu werden.

Meinen Mund stopf ich zu.
Damit auch ja nichts rauskommt.
Es gibt nichts mehr zu reden,
kein Wort hätte Sinn.

Dir Vogel geb' ich die Sinne,
mein Fühlen und mein Herz,
weil ich die Schmerzen
länger nicht ertrage.

Meine Augen schreien zu Gott:
Dass er sich erbarme.

Angst

Was ist das Wesen der Angst? -
Wir bleiben erschreckt stehen,
lieber nichts mehr tun, wir sind wie gelähmt.

Die Angst flüstert uns ins Ohr:
»Alles ist sinnlos, alles ist schlecht.
Du bist schlecht.« -
Dieser Sumpf ist zäh und schwer und dunkel.

Urangst.
Angst vor dem Tod.
Angst vor meinem persönlichen Ende.
Angst vor dem Versagen. Angst vor der Einsamkeit.
Todessehnsucht. Angst vor dem Leben.
Angst kann auch resultieren aus Sünde und Schuld.
Getrenntsein von Gott.

»Furcht ist nicht in der Liebe,
sondern die völlige Liebe
treibt die Furcht aus.«

(1. Johannes 4,17+18)

Wenn unser Glaube vollkommen wäre.
Wenn echte Liebe, große Hoffnung
und tiefer Friede uns erfüllen würde, wäre die Angst
ausgeschlossen?

Erhobener Zeigefinger Gottes?
Oder liebevolles Hinweisen darauf, wie es sein könnte,
worum wir ihn bitten und anflehen können.

Jesus hält uns und trägt uns in der Angst.
Er weiß, dass wir Angst haben:

»In der Welt habt ihr Angst, aber seid getrost,
ich habe die Welt überwunden.«

(Johannes 16,33)

Die Angst sagt, alles ist schlecht.
Die Liebe sagt, alles wird gut.

Wohin sonst

Ich möchte mich aus mir hinaus weinen,
mich zu dir hin schreien:
mit allen Schmerzen und aller Angst und Traurigkeit.
Ich will dieses Leben nicht mehr leben. Ich kann nicht mehr.
Deinen Willen, dein Ziel mit mir sehe ich nicht.
Die Kraft, die du zusagtest, ist nicht mehr da.
Deine Liebe finde ich nicht mehr, kann nicht mehr glauben,
dass du ja sagst zu mir.

Ich denke, wenn ich jetzt fallen würde,
würdest du mich nicht mehr halten.
Ich erkenne dich nicht mehr, mein Gott!

Wenn ich aber nicht mehr zu dir kann, wohin sonst?

Wenn du nicht der Weg bist, Jesus Christus,
die Wahrheit und das Leben,
wenn die Zusage deiner bedingungslosen Liebe nicht mehr gilt,
dann ist mein Leben umsonst.
Dann bin ich ein Narr, wie es größer keinen geben könnte.

Ich flehe dich an, Herr, dass du deine Augen
nicht abwendest von mir
und dass du deine Hand nicht fortnimmst.

Danke, dass du mich jetzt im Dunkeln nicht alleine lässt
und auch bei mir sein wirst, wenn es wieder Tag wird.

Aus der Kraft Gottes

Mit der Flut in den Hafen laufen,
in den sicheren Hafen.
Die reiche Ernte einbringen,
oder auch nur die magere Beute.

Ausruhen. Entspannen. Auftanken.
Zu Kräften kommen.
Die Boote und Netze säubern.
Planen, überdenken, korrigieren.

Mit der Ebbe wieder auslaufen.
Mit der Kraft Gottes und aus der Kraft Gottes
geschickt werden.
Nicht aus meiner Kraft.

In der Kraft Gottes tun,
was mir vor die Hände kommt.
Bis ich wieder durch die Flut Gottes sicher
in den Hafen getragen werde,
wo er selbst mir befiehlt:

Nun ruhe aus.

Begegnung

Leise und behutsam
will ich mich
in meine engen Winkel wagen.

Ich nehme
allen Mut mit,
den ich habe:

Denn wenn ich mir begegne,
will ich standhalten.

Bild des Lebens

Herr,
im Moment scheinen die Puzzelteile
meines Lebens
nicht ineinander zu passen.
Sie wollen sich nicht zusammenfügen.

Da sind Ecken und Kanten,
Rundungen, die scheinbar nicht dazu gehören.
Verwirrende Farbfetzen
nehmen eine nicht erkennbare Form an.

Ich bin ungeduldig und verwirrt:
Nichts scheint zu gelingen.

Herr, gib mir die Gelassenheit,
dir das Bild meines Lebens zu überlassen
und weiterhin behutsam
Stück für Stück der Puzzelteile
meines Lebens anzusehen und anzunehmen,
Wegstrecke um Wegstrecke zu gehen
und gewiss sein,
dass du einmal das Bild vollendest.

Bist du da?

Mein Gott, ich rufe zu dir.
Meine Seele schreit nach dir.
Mein Entsetzen lähmt mich,
da ist kein Anfang mehr, kein Ende,
kein Sinn, kein Weg.
Nichts weiß ich.

Mein Gott, bist du da?
Wer bist du, wo bist du?
Hörst du mich? Willst du mich noch hören?
Kann ich dich noch hören?

Bist du wirklich der Weg, die Wahrheit und das Leben?

Ich suche die Wahrheit mit all meinem Sehnen,
doch kann sie nicht finden.
Ich entgleite mir - und dir?
Hilfst du mir,
auch wenn ich dich nicht mehr spüre?
Hältst du mich fest,
auch wenn ich loslasse?

Nichts Vertrautes kann ich wiederfinden,
keine Wahrheit ist wahr geblieben.

Ich möchte begreifen können, was geschieht, Herr,
in meiner Seele, zwischen dir und mir,
zwischen mir und den anderen,
in meinen Beziehungen.

Ich falle, als gäbe es kein Ende.
Doch ich will dir glauben, dass du am Ende stehst,
dass mein Fallen in deiner Hand ein Ende hat.

Du bist die Wahrheit.
Wahrheit, die alles kennt und versteht,
Wahrheit, die alle Standpunkte hat,
Wahrheit, die frei macht:

Nichts kann diese Wahrheit unwahr machen.

Ich will zu dir flüchten
und keine Antwort mehr suchen,
will abwarten und den Schmerz aushalten,
doch mich nicht darin
verstricken.

Chaos

Chaos in meinen Gefühlen.
Schmerz und Schuld.
Hab' mich nicht mehr in der Hand.
Kann nicht mehr gerade stehen,
für nichts mehr garantieren.

Gefühle scheinen stärker,
als mein Gewissen wahr haben will.
Die verbotene Frucht,
die verlockende Lüge,
das heiße Begehren.

Bin ja plötzlich wieder Frau.
Wohin mit diesen verbotenen Gefühlen,
dieser entsetzlichen Sehnsucht.

Gestern
Konnte ich noch unterscheiden
zwischen
Gut und Böse.

Danach

Wird das Licht
wiederkommen,
auch diesmal –
wie jedesmal,
fast zu spät?

Werde ich
mich wieder spüren können
und mich räkeln in der Sonne?

Gibt es ein Danach?

Wird es mich noch geben
am Ende,
nach der Nachtschwärze?

Werde ich das Licht
erkennen können,
wenn es wiederkommt?

Auch dieses Mal.

Das Gute wagen

Worte, die trösten,
wieder Hoffnung wecken,
dir Mut machen,
die will ich sprechen.

Ich will Hände reichen
und ein Licht anzünden,
da, wo es so dringend nötig ist.

Lass uns das Gute wagen.
Die Wahrheit sagen,
wo die Lüge herrscht.

Ein dennoch,
ein ja
zum Leben.

Danken

Jeden Tag lerne ich ein kleines Stück mehr, zufrieden zu sein.

Mich ängstigen, mir Sorgen machen, das kann ich gut.
Mich ärgern, bitter sein und nachtragend,
darin bin ich ein Meister.
Ich wäre gerne ein Meister in der Zufriedenheit.

Das ist wahres Glück, wenn ich dankbar
und zufrieden sein kann
egal, wie die Lebensumstände aussehen.

»Der Herr hat's gegeben. Der Herr hat's genommen.
Der Name des Herrn sei gelobt!«
                (Hiob 1,21)
Wie sehr wünsche ich mir, diese Worte Hiobs aus ehrlichem
Herzen nachsprechen zu können.

Du kennst mein Herz, Herr. Danke.
Dich kann ich nicht enttäuschen,
denn du täuschst dich nicht in mir.
Du kennst mich, bis in die tiefsten Tiefen.
Du kennst mich mit meinen schwarzen Schatten,
die Seite in mir,
die ich kaum ertrage,
die dunkle Seite, die ich am liebsten
verbergen, verleugnen würde.

Aber du liebst mich, durch und durch, ganz und gar.
Du vergibst mir und schaust gnädig auf mich,
mit Augen voller Liebe.

Was sollte ich da anderes tun, als danke sagen.
Was sollte ich anderes tun, als zu lernen von dir.
Zu lernen, gnädig zu sein, wie du gnädig zu mir bist.
Zu lernen, dass ich vergeben kann, wie du mir vergibst.
Zu lernen, dass ich zufrieden sein kann, weil alles aus deiner
Hand kommt,

Du kennst meine Kraft, die so begrenzt ist.

Du sagst: »Wer Dank opfert, der ehrt mich.«

(Psalm 50, 23)

Herr, ich beginne zu ahnen,
was deine Worte bedeuten, Dank opfern -
mein Dank kommt nicht von alleine, einfach so.
Es ist meine Entscheidung.
Es ist meine Haltung, auf die es ankommt

Meinen bewussten Willen, dankbar zu sein,
nicht mehr und nicht weniger
willst du von mir.
Aber dafür gibst du mir in überreichem Maß zurück,
was ich dir vielleicht durch meinen Dank geben konnte.

Du gibst mir die Fülle.
Das ganze, volle Leben, wahres Glück.

Deine Stimme

Herr Jesus
ich suche die Wahrheit,
will dich finden.
Finde du mich.

Mache mich frei vom Irrtum,
frei von aller Dunkelheit und Verwirrung.

Herr Jesus Christus
ich habe Sehnsucht danach,
deine Stimme zu hören,
sie zu erkennen
in dem Wirrwarr dieser Zeit,

in all den Lügen,
in all den Stimmen
um mich herum und in mir.

Sie zu erkennen
und dir zu folgen,
wie Schafe dem guten Hirten.

Du selbst nimmst meine Hand.
Das ist gut!

Der Sonne entgegen

Neues Land – weiter Weg.
Nicht du läufst los für mich.
Ich kann ihn gehen, den ersten Schritt.
Dann folgt der nächste, einer nach dem anderen.

Nicht du sorgst für meine Pausen,
nur ich kenne meine Grenzen und meine Erschöpfung.
Wenn es nötig ist, ruhe ich aus.
Gestärkt gehe ich weiter.

Neues Land – spannende Weite.
Gute Erfahrungen und schlechte,
aber stets meine Erfahrung,
aus der ich lernen kann.

Neugierig erwarte ich jeden neuen Tag.
Mutig und entschieden wage ich
den nächsten Schritt,
den Kopf nicht gesenkt,
sondern hoch erhoben:

Ich hebe mein Gesicht
der Sonne entgegen!

Der erste Schritt

Manchmal läge ich gerne im Hafen.
Sicher
und geborgen.
Fern von Sturm und Wind.
Fern von rauher Wirklichkeit.

Sicher -
das Leben wäre weniger bunt,
wenn ich da so festläge. Tagein. Tagaus.

Manchmal wünsche ich mir,
jemand käme, nähme mich bei der Hand
und sagte:

Tue genau dies oder lasse genau das.
Denn so ist es richtig.

Doch dann lebte ich das Leben für jemand anderen,
aber nicht mein eigenes Leben.

Manchmal sehne ich mich nach einem goldenen Käfig,
nach fester Sicherheit, nach Beständigkeit und
unumstößlicher Ordnung.

Doch auch vergoldete Gitterstäbe bleiben ein Gefängnis.

So mutest du mir also zu, Herr,
mein Leben in Wind und Wetter und Stürmen
aber auch bei Sonnenschein und Vogelgesang zu leben.

Du traust mir zu, dass ich auf eigenen Füßen stehen kann.
In der Lage bin, eigene Entscheidungen zu treffen.

Wenn ich Fehler mache, sind es meine eigenen Fehler
und dafür kann ich die Verantwortung übernehmen.

Du, mein Gott, machst mich stark und lebensfähig.

Ja, ich will endlich losgehen.

Denn auch der längste Weg beginnt
mit dem ersten Schritt.

Du bist mein

»Ich habe dich schon immer geliebt.« (Jeremia 31,3)
»Fürchte dich nicht, denn ich habe dich erlöst,
ich habe dich bei deinem Namen gerufen:
Du bist mein!« (Jesaja 43,1)

Mein Gott,
welches Geschenk machst du mir mit diesen Worten.

Ach Herr, lass mich spüren,
dass diese Wahrheit auch mir gilt
in meinem dunklen Leben,
mit meiner schmerzenden Vergangenheit,
mir gilt für meine Zukunft, vor der ich mich fürchte,
mir gilt für mein Jetzt und Heute,
für meinen Alltag, für jede konkrete Situation.

Heilend kommst du in mein Leben,
holst Verdrängtes ans Licht, linderst geschlagene Wunden,
machst alles ganz neu!

Mit meiner Vergebung komme ich nicht weit,
doch mit deiner kann ich jedem vergeben.

Du willst nicht, dass Narben bleiben,
du willst alles gut machen.

Wenn ich vergebe, wird mein Herz heil.
Meine eigene Liebe reicht nur ein ganz kleines Stück,
doch du bietest mir an, mit deiner Liebe zu lieben:

Sie reicht aus, denn deine Liebe hat kein Ende!

Danke, Herr,
du willst, dass es mit mir und meinem Nächsten
gut werde.

Danke, dass du nicht nur mein Freund und mein Vater bist,
sondern auch mein Heiland
und mein Arzt!

Durch dich und mich

Durch
dich und mich
bekommt
Gottes Liebe
Hand und Fuß.

Dürres Land

Deine Worte, Herr,
und deine Zurechtweisungen
fallen auf mich, wie auf dürres Land,
ausgetrocknete, rissige Erde.

Das braucht Zeit,
bis diese Erde Früchte bringen kann!

Doch ich will mir diese Zeit lassen,
wie du sie mir lässt,
will von deiner Geduld mit mir
und von deiner Beständigkeit
lernen.

Wie Tropfen für Tropfen Wasser
die rissige Erde
zu neuem Leben erweckt,
das dürre Land belebt,
so belebt mich, Herr, dein Wort.

Ich will mich dir öffnen
und dich in mein Leben aufnehmen
- immer wieder neu

An mein Kind

Ich darf dich begleiten
ein langes Leben.
Durch stürmische Zeiten.
Die Hand dir geben.
An schweren Tagen deine Zuflucht sein.

Will mit dir lachen
auf deinen Wegen.
Dich glücklich machen.
Bei Wind und Regen,
in Dunkelheiten ein sehr heller Schein.

Will dich nicht bedrücken
an fröhlichen Tagen.
Dein Leben soll glücken.
Kannst alles selbst wagen.
Lass dich nicht schrecken vor Stock oder Stein.

Will von dir das Staunen
ganz neu erlernen
und mit dir träumen
von herrlichen Sternen.
Dir wahrer Freund sein ein Leben lang.

Danke Vater

In deiner Hand geborgen,
von deinem Glanz umstrahlt.
Gelassen in ein Morgen
von deiner Hand gemalt.
Mein Lebensbild gestalten
mit Mut und Zuversicht.
Weiß mich von dir gehalten.
Du selbst bist mein Licht.

Wenn ich nein zu mir sag',
gilt mir dennoch dein ja.
Wenn ich fern von dir bin,
bist du noch für mich da.
Danke Vater, mein Herr und mein Gott.
Du bist Hoffnung über den Tod.
Danke Vater, mein Herr und mein Gott.

Durch dich lern' ich zu sehen
die Schatten und das Licht.
Darf immer zu dir gehen,
du verstößt mich nicht.
Sagst ja zu meinem Leben.
Liebst mich trotz aller Schuld,
wirst mir neu vergeben,
du hast mit mir Geduld.

Ein Fels der trägt

Mein Wunsch für dich ist,
dass dein Leben gelinge,
ja, dass du Leben in Fülle findest.

Gott segne das Werk deiner Hände
und räume dir Hindernisse aus dem Weg.
Er bewahre dich vor Gefahren,
vor Schuld und vor Anfechtung.

Möge Gott dich auf Adlersflügeln
durch deinen Alltag tragen.

Bewahre dir ein dankbares Herz,
danke für die kleinen Dinge,
die dir begegnen.
So dass du immer mit Gewissheit sagen kannst:

sicher bin ich, geborgen und geliebt.
Ich habe einen Fels, der trägt.

Ich verlier mich in der Weite

Ich verlier' mich in der Weite, bin verlor'n in Raum und Zeit,
und ich habe keinen wahren Halt in der Unendlichkeit.
Tausend Stimmen, tausend Götter –
doch es geht nicht mehr um Gott.
Und ich lebe und vergesse und erwarte meinen Tod.

Grenzenlose Freiheit, grenzenloser Raum,
grenzenloses Leben, grenzenloser Traum.
Gnadenlose Enge, Raum – ganz ohne Tür,
eingepferchter Atem und kein Leben hier.

Gibt es ein „Dazwischen" – gibt es echten Halt?
Fühle mich verloren, und mir ist so kalt.
Wie nur kann ich leben, und wo liegt der Sinn?
Zwischen Raum und Enge, wo geschützt ich bin.

Will mich nicht verlier'n in der Unendlichkeit,
brauche festen Boden, Schutz in dieser Zeit.
Wag' ich es zu fragen, nach dem einen Gott?
Wähle ich das Leben, hör' nicht auf den Spott?

Jesus, hilf mir leben, gib du mir Kontur.
Führ' mich durch die Weite, sei du selbst die Spur.
Gib mir Luft zum Atmen, gib dem Leben Sinn.
Danke, dass ich nun bei dir geborgen bin.

Entscheidung

Den Kopf
nicht gesenkt,
sondern hoch erhoben,
wage ich den nächsten Schritt:

Ich hebe mein Gesicht
der Sonne entgegen.

Erwachen (Für B.)

Ich wage es, meinen Panzer zu öffnen,
meine Mauern einzureißen,
meine Mauern der Stärke, der Härte.
Mein Mißtrauen will ich preisgeben,
Lebenslügen aufdecken.

Ich kann und will neu entscheiden,
meine Wahrheiten finden.
Ich weiß, dass ich mich verletzbar mache,
indem ich mich öffne.
Doch merkte ich,
wie ich in meinem Panzer
langsam aber sicher erstickte,
wie Lebensmut und Lebensfreude
erloschen, wie eine Kerze ohne Sauerstoff.
Meine Gefühle fanden keinen Raum mehr.

Ich will mich wieder finden,
will zu einem ja zu mir und meinem Leben finden.
Stück für Stück breche ich meine Mauern ein.
Meine Hände werden blutig.
Immer wieder möchte ich aufgeben.

Doch hinter den Mauern sehe ich blauen Himmel aufleuchten,
spüre die warmen Strahlen der Sonne auf meiner Haut.
Ich beginne zu ahnen, was das heißt: Leben.

Die Weite sehe ich.
In diese Weite will ich Schritte wagen,
auch wenn es Angst macht.

Ich habe den an meiner Seite,
der mich geschaffen hat.
Jesus Christus, der gesagt hat:
Ich bin gekommen, damit sie das Leben
in Fülle
haben sollen.

Und ich beginne zu begreifen,
was das für mich bedeutet.

Flügelschlag

Bin nicht glücklich.
Empfinde nur Anspruch und Forderungen.

Habe genug gekämpft,
genug gelitten,
bin nicht bereit,
mehr einzustecken.

Habe mir ein warmes Nest gebaut,
ein Schloß hoch über den Wolken.
Wagt es nicht, daran zu rütteln.
Ich tue es auch nicht.

Bin nicht bereit
für das Leben.
Habe davor
Angst.

Das wünsche ich mir:

einen Flügelschlag näher
zu Gott,
dorthin, wo es gut ist.

Freude kam unerwartet

Freude kam unerwartet.

Unverhofft.
Sprudelnd.
Ganz plötzlich.
Genau passend:

Herzlich willkommen.

In deine Hände

Mach End, o Herr, mach Ende
mit dieser tiefen Not,
ja nur in deine Hände
lass ich mich fallen, Gott.

Willst du noch einmal helfen
und hören auf mein Schrein.
Ich kann nur eins noch flehen,
ach lass mich bei dir sein.

Doch gibst du mir mein Leben
noch einmal als Geschenk,
kann ich dir dafür geben,
dass ich ans Danken denk

Herr, segne du diesen neuen Tag

Ich stehe am Fenster, begrüße das Licht,
die Wärme der Sonne erreicht mein Gesicht.
Die Nacht war so lang, jetzt ist sie vorbei.
Dankbar fühl' ich mich von Ängsten frei.
Ich schließe die Augen und lass alles los,
vor dir, Vater, stehe ich offen und bloß.
Das Strahlen der Sonne erwärmt meine Haut,
ich spür, wie die Liebe mein Leben auftaut.

Herr, segne du diesen neuen Tag.
Schenk uns deinen Geist, sei uns ganz nah.
Danke, dass die Nacht vorbei ist,
danke für den Morgen.
Herr, segne du diesen neuen Tag.
Herr, wir bitten dich, sei uns ganz nah.

Ich lass alles los und werde ganz still.
Um Kraft bitt' ich dich, Herr, für diesen Tag.
Du sagst es mir zu, du bist jetzt dabei.
Dankbar fühl' ich mich von aller Furcht frei.
Du, Herr, nimmst mich heute an deine Hand.
Du hast mich mit Augen der Liebe erkannt.
Du hast es versprochen, du gehst heute mit.
Dankbar vertrau' ich dir Schritt für Schritt.

Freude liegt in der Luft

Freude liegt in der Luft.

Ich atme sie ein,
so tief ich kann.

Mit Seele und Geist
neh'm ich sie in mich auf.

Sie weckt in mir
Verlorengeglaubtes.

Ich freue mich
an der Freude
und erwarte den Tag
mit Ungeduld.

Freude, die bleibt

Freude sprudelt aus der Quelle
Klares Wasser, murmelnder Bach,
was erzählst du mir?
Fließt verschlungene Wege
kleines Rinnsal, wirst zum Fluss.

Freude kraftvoller Strom.
Ruhig und majestätisch.
Stark und wild. Übermütige Freude,
tosender Wasserfall,
stürzt hinab in gewaltige Tiefen,
deine Stimme ist nicht zu überhören.

Freude sammelt sich,
wird ruhig und still.
Kein Windhauch bewegt die glasklare Oberfläche.
Friedlicher See, tiefe Ruhe und Gelassenheit.

Freude steigt auf,
unsichtbare Wassertropfen
formen sich zu Wolken,
regnen wieder hinab
und feuchten die trockene Erde.

Wer zum Herrn aufschaut, der strahlt vor Freude,
und sein Vertrauen wird nie enttäuscht.

(Psalm 34, 6)

Kinderreim

Vater, Vater, dreh' dich um.
Sieh doch her. Ich bin nicht dumm.
Vater, hab' mich doch nur lieb,
das ist alles, was ich will,
dafür trag ich jeden Hieb,
Vater sieh, ich bin doch still.
Vater, Vater, komm doch her,
hab mich lieb, und schrei nicht mehr.

Mutter, schau mal, was ich kann.
Mutter komm, und freu dich dran.
Mutter sieh nicht traurig weg.
Ich bin nicht stolz, ich freu mich nur.
Bitte hab mich wieder lieb,
das ist alles, was ich will.
Ich bin schon brav, ich freu mich nicht,
sieh doch her, ich bin schon still.

Komm mein Kind, es ist ja gut.
Fasse wieder neuen Mut.
Ruh' dich einfach bei mir aus.
Hier bist du endlich zuhaus.
Kuschel dich in meinen Arm,
du liegst sicher und ganz warm.
Du sollst wieder fröhlich sein.
Glaub mir, du bist nie allein

Mutter, Vater, ich geh' los,
denn ich bin ja nun schon groß.
Der Abschied tut noch ziemlich weh,
bis ich auf eignen Füßen steh.
Doch ihr müsst nicht traurig sein,
leben kann ich nun allein.
Vater, Mutter seht doch her:
ich hab euch lieb, jetzt weint nicht mehr.

Führe uns

Herr, wir reden auf dich ein
und bitten unablässig:
Führe uns deinen Weg. Zeige uns deinen Willen.

Doch weil wir nicht aufhören,
auf dich einzureden,
können wir deine Antwort nicht hören.

Ungeduldig sind wir und enttäuscht:
Dein Weg mit uns sieht anders aus,
als wir ihn uns vorstellen.

Solange es uns gut geht,
fühlen wir uns von dir geführt und in deiner Hand.
Sobald du andere Pläne hast, werfen wir dir vor,
du hättest uns verlassen.

Was ist das für ein Glaube,
der Vertrauen wegwirft, wenn Fragen kommen,
wenn es an der Zeit ist, durch- und auszuhalten.

Herr, ich schäme mich,
weil ich einen Selbstzweckglauben lebe.
Wie kurz und flüchtig ist meine Dankbarkeit
für alles, was du schon geschenkt hast -
all das, was vorher glühende Bitte war:
Wie schnell ist es auf die Haben-Seite gebucht
und abgehakt!

Es sagt sich so leicht:
Hier bin ich, führe mich!
Wie schwer aber lässt es sich leben!

Danke Herr,
dass du mich nicht wegschickst mit meiner Schuld,
mit dieser Unfähigkeit, dir in allem zu gefallen,
durch mein Vertrauen dir Freude zu machen
und selber reich zu werden.

Hilf mir dabei, Herr,
Geduld zu lernen
und wie das Sandkorn in der Muschel
zur Perle zu reifen.

Komm mir wieder nah
(Für K.)

Ich stehe traurig, Herr, vor dir.
Mir ist nicht mehr nach singen.
Da ist nun mal kein Leben hier.
Nichts scheint mehr zu gelingen.

Du warst doch mal mein guter Freund.
Wo ist der Trost geblieben.
Nun ist das Leben wie ein Feind,
und ich kann nicht mehr lieben.

Ja alles scheint mir Hohn und Spott,
erfüllt von Leid und Kriegen.
Ich frage dich: Wo bist du Gott?
Ach, lass das Leben siegen.

Herr, du scheinst
so weit weg zu sein.
Komm mir wieder nah,
fühl' mich so allein.
Du sagst mir:
Komm, und schau ins Licht.
Ja, Herr, und ich spür',
ohne dich geht's nicht.

Aus Wasser machtest du den Wein
den Gästen nur zur Freude.
So lass du selbst mich fröhlich sein.
Führ' mich auf gute Weide.

Fünf Brote nur aus deiner Hand
und zwei mal Fisch daneben,
das macht die Menschen satt im Land,
sie durften es erleben.

Fünf Brote und zwei Stücke Fisch,
wir können dir vertrauen.
Du deckst sehr reich für uns den Tisch,
wir können auf dich bauen.

Für uns

Herr, wie viele Weltuntergänge habe ich dir vorgeworfen
in meinem Herzen:
aufgerechnet und gewissenhaft ein Schuldenkonto geführt
über all die kleinen und großen Ungerechtigkeiten,
die ich erlebte.
Doch wo sind die geblieben, die ich austeilte,
die Schmerzen, die ich anderen zufügte.

Wo blieb die Gerechtigkeit, als du - ganz ohne Schuld -
gekreuzigt wurdest, für uns.
Wo wäre ich heute, wenn du damals
auf deine Gerechtigkeit
gepocht hättest.

Du allein liebst ohne Gegenleistung,
du siehst die Menschen in ihrer Vielfalt,
mit ihren ureigensten Stärken,
mit ihren ganz persönlichen Grenzen und Schwächen.
Du holst in deiner großen Liebe jeden einzelnen genau dort ab,
wo er gerade steht.

In deiner Weisheit siehst du nicht nur, wie er ist,
sondern wie er das wurde, was er heute ist,
siehst die Gründe, die Verletzungen, die Bitterkeiten,
siehst die enttäuschten Hoffnungen und müde gewordenen
Träume.

Mein erhobener Zeigefinger sinkt.
Ich schäme mich für meine Selbstgerechtigkeit.
Wie klein mache ich dich damit - sagtest du nicht,
dass du uns Recht schaffst.
Vergib mir, Herr, und lass es mich lernen,
durch deine Augen zu sehen
und nicht durch die kleinliche Brille meiner eigenen
»Gerechtigkeit«.

Danke, dass du auch mich gerade da abholst, wo ich stehe,
dass du auch meine Bitterkeiten und Verletzungen
kennst und verstehst.
Danke, dass du trösten möchtest,
damit ich nicht weiter an ihnen festhalte,
sondern frei werde, weil du mich zur Freiheit befreit hast,
damit Raum für die Freude ist, die du für mich bereit hältst.

Danke, dass deine Liebe mir genau so gilt, wie allen Menschen
und dass ich die Zusage deiner Kraft und Hilfe ganz persönlich
in meinem Alltag,
in meinen Grenzen und Schwächen
für mich in Anspruch nehmen darf!

»Wenn euch nun der Sohn frei macht, so seid ihr wirklich frei.«

(Johannes 8,36)

Geborgen

Das ist Glück,
in dir, mein Gott, geborgen zu sein,
zu wissen, wenn ich falle,
ist es deine Hand, die mich hält.

Das ist Glück, in dir geborgen zu sein

Geduld

Hilf uns dabei,
Gott,
Geduld zu lernen
und wie das Sandkorn
in der Muschel
zur Perle zu reifen.

Lade Jesus ein

Weißt du schon, wer dich unendlich liebt?
Weißt du schon, wer dir das Leben gibt?
Weißt du schon, wer immer zu dir steht?
Weißt du schon, wer immer mit dir geht?

Ja, ich weiß, es hört sich seltsam an,
dass da jemand einfach lieben kann,
ohne dass er was zurück erhält.
Zahn um Zahn, wie sonst auf dieser Welt.

Gottes Sohn, er starb ja auch für dich.
Jesus nahm auch deine Schuld auf sich,
sah die Angst, sah deine Einsamkeit,
hat zu wahrem Leben uns befreit.

Sag doch ja, und lade Jesus ein.
Geh mit ihm, und lass ihn bei dir sein.
Er ist da, und du wirst Wunder sehn'.
Wenn du's wagst, kann es noch heut' geschehn.

Niemand sonst tut für dich diesen Schritt.
Nur ein Wort von dir, und er geht mit.
Beten ist wie Reden mit dem Freund,
wie nach langer Trennung nun vereint.

Und Jesus sagt zu dir

Und Jesus sagt zu dir:
Komm' und vertraue mir.
Du kannst mich hören und verstehn,
wenn deine Augen auch nicht sehn.
Als Freund bin ich dir nah,
auch heute bin ich da,
nicht zu beweisen, nicht zu sehn,
doch zu erfahrn und zu verstehn.
Ich hör', bevor du fragst
und wenn du's heute wagst,
dein Leben mit mir teilst,
beim Zweifeln nicht verweilst,
dann wirst du Wunder sehn,
denn ich wird' mit dir gehn.
Wenn du die Zweifel sagst
und doch zu glauben wagst,
dann wirst du staunend sehn
- und Stück für Stück verstehn -
was echtes Leben heißt,
durch Gottes heilgen Geist.
Du bist nicht mehr allein,
ich werde bei dir sein.
Ich hör', bevor du fragst
und wenn du's heute wagst,
dein Leben mit mir teilst,
beim Zweifeln nicht verweilst,
dann wirst du Wunder sehn,
denn ich wird' mit dir gehn.

Geliebt

Freude hat
einen Namen:

Geliebt.

Gerade mich

Er,
der mich geschaffen hat,
will, dass ich leben kann.

Er,
 der mich geschaffen hat, ist stark und mächtig und weise,
verständnis- und liebevoll.

Er,
 der mich ins Leben rief, wollte tatsächlich gerade mich,
mit meinen Tiefen und Untiefen.

Und er trägt und hält mich - fest und sicher.

Ihm bin ich was wert.

Das allein zählt.

Im Licht Gottes

Wegsehen von der Angst.
Wegsehen von mir selbst, meinem Versagen,
meiner Kleingläubigkeit und Mutlosigkeit:

Hinschauen auf Jesus.
Aufschauen, mein Gesicht heben.

Ihm danken, dass er mich wunderbar gemacht hat,
auch, wenn ich das anders empfinde.
Er sieht es so. Einfach danke sagen
und das Geschenk meines Lebens
neu aus seiner Hand nehmen.

Gespannt und freudig erwarten, was er noch mit mir vor hat.
Leben lernen - bei ihm.
Er hat gesiegt.
Die Angst, den Tod und die Schuld überwunden.
Die Rechnung ist bezahlt. Punkt.

Aufschauen,
mein Gesicht, meine Augen
heben ins Licht.

In seinem Licht stehen,
damit es hell werden kann in mir,
hell und gut.

Stein für Stein
(Für L.)

Ich sehe mein Leben, meine Gedanken, Gefühle, Erinnerungen, meine Handlungen und was mit mir geschah. Aus der Tiefe steigen Bilder auf, langsam zunächst, zögernd, nicht greifbar, doch sie formen sich aus tiefster Tiefe, drängen sich in mein Bewusstsein, stehen mir klar vor Augen, haben mich eingeholt. – Und ich weiß nicht, wohin damit. Wohin mit all dem Schmerz, mit all der Verzweiflung? Wohin mit mir?

Neu muss ich es durchleben, was geschah, was so furchtbar war, dass ich es nicht sehen wollte, dass ich es versteckt habe, dort im Keller, tief in mir, wo niemand nachschaut. –

So furchtbar war es, dass ich es mir gar nicht anschauen konnte und schon gar nicht aushalten. Und so steckte ich es in den Keller und verschloss diesen gut. Doch immer wieder drückte die Falltür sich auf, Bilder wollten ans Licht.

Das konnte ich nicht zulassen, und so brachte ich all meine Kraft auf, die Dinge unten zu halten, im Dunkeln, im Ungewissen.

Nach Außen war ich stark. Ich baute Mauern auf, Stein für Stein, um zu überleben. Und in mir gärten und regten sich die Bilder, formten sich zum Horrortrip, verbrauchten meine Kraft.

Doch ich glaubte, so und nicht anders muss es gehen.

Jetzt ist der Keller geöffnet. Ich stehe wie ans Licht gezerrt, werde kleiner und kleiner, hilfloses, weinendes Etwas. – Wertlos fühle ich mich, klein und mickrig, erniedrigt, gedemütigt, geschlagen. Wer mich so sieht, wer mich kennt bis in meine Tiefe, der wendet sich ab von mir. Meine Mauern brechen in sich zusammen, kein Schutz mehr da, schutzlos ausgeliefert.

Doch plötzlich, in der Kälte, in all der Verzweiflung und Mutlosigkeit, stehe ich vor meinem Schöpfer, vor dem, der mich gemacht hat, der mich wollte und voll Liebe und Mühe geschaffen hat. Er legt mir eine warme Decke um, nimmt mich in seine Arme. Er sagt: Ruh' dich aus, lass' alles los! Hier ist es gut. Und ich erinnere mich: „Und Gott sah an alles, was er gemacht hatte, und siehe, es war sehr gut!" (1. Mose, 31)

Und in der Wärme und Geborgenheit seiner Arme, unter seinem Schutz erwacht mein Lebenswille neu. Sagte Gott nicht: „Fürchte dich nicht, denn ich habe dich erlöst. Ich habe dich bei deinem Namen gerufen: du bist mein!" (Jesaja 43, 1) Und ich ahne, wieviel ich ihm wert bin, wie er darauf wartet, dass ich sehe und erkenne und JA sage zu mir, ja zu meinen Grenzen und Schwächen, aber auch ja zu meinen Gaben und Fähigkeiten. Ich spüre seine grenzenlose Liebe, sie bedeckt meine Wunden, sie heilt meinen Schmerz. All den Trost nehme ich an, den Gott mir schenken will. Seine Liebe macht alles gut, sie macht mich heil. Ich lasse mich in seine Arme fallen und spüre, wie Mut erwacht, spüre, wie Lebensfreude in mir wächst. Ich fühle, dass ich ein JA zu mir sprechen will, wenn auch noch unbeholfen und ungeübt: Ich bin! Ich lebe! –

Aus der Enge meines Kokons der Lebenslügen, die man mir beibrachte, denen ich glaubte, die mir eingeimpft wurden, fange ich an, mich zu befreien, behutsam, Stück für Stück. Ich lasse mir alle Zeit, die ich brauche. Den Schmetterling will ich finden in mir, will ihn befreien, er soll seine Flügel entfalten dürfen: leicht und bunt und voll Freude, getragen von den Flügeln und vom Wind...

Tief durchatmen will ich, und ich bilde neue Sätze, stelle sie den Lebenslügen gegenüber und entscheide mich neu!

Neue Wahrheiten will ich für mich finden und sie einüben. Denn ein Üben und Lernen wird es.

Es wird vielleicht auch harte Arbeit sein, harter Kampf, doch ich will beständig sein und zäh. Die Lügen sind so vertraut, ich kenne nichts anderes: „Traue nicht deinen Gefühlen. Du hast keine Rechte. Du bist ungeliebt. Du musst dir Liebe verdienen. Du musst immer für andere da sein. Sei immer lieb und brav und bescheiden. Du bist nichts wert."

Diese Lügen hole ich ans helle Licht, ich entmachte sie und schaue sie mir ruhig und angstfrei an. Heute bin ich nicht mehr das kleine, unmündige Kind. Heute bin ich kein hilfloses, verzweifeltes Etwas. – Ich kann jederzeit neu entscheiden. Heute entscheide ich neu! Ich traue meinen Gefühlen und Wahrnehmungen. Ich bin wertvoll und geliebt!

Ich trete furchtlos für meine Rechte ein und sorge selbst für den Lebensraum, den ich zum Atmen und DA-sein brauche.

Ich erlaube mir, Fehler zu machen.

Ich nehme Gottes Geschenk an, er schenkte mir mein Leben, er schenkt mir seine Liebe – bedingungslos.

Ich schaue mir die Worte aus der Bibel an: „Ich bin gekommen, damit sie das Leben in Fülle haben sollen." (Johannes 10, 10). „Wer durstig ist, der soll kommen. Jedem, der es haben möchte, wird Gott das Wasser des Lebens schenken." (Offenbarung 22, 17). „Wer sich auf den Herrn verlässt, der wird sein wie ein Baum, der nah am Wasser steht, der Frucht trägt jedes Jahr und dessen Blätter nie verwelken. Was er sich vornimmt, das gelingt." (Psalm 1, 3). "Immer werde ich euch führen. Auch in der Wüste werde ich euch versorgen, ich gebe euch Gesundheit und Kraft. Ihr gleicht einem gut bewässerten Garten und einer Quelle, die nie versiegt." (Jesaja 58, 11).

Und diese Worte tuen mir gut. Ich lasse diese Bilder auf mich wirken und lebe auf.

Ich sehe Gottes deutliches JA für mich, für mein Leben. Dieses ja nehme ich an, lasse es an mich heran, freue mich über all das, was dahinter steht. Ich bin geliebt! Ich bin wertvoll!

Voll Zuversicht darf ich mein Leben leben. Dankbar und gespannt auf alles, was Gott noch mit mir vor hat, erwarte ich den neuen Tag.

Ich für mich

Wage es nicht,
mich zu fragen,
was ich für mich
richtig finde.
Wundere mich,
dass keine Antwort kommt.

Könnte es wirklich so gefährlich sein,
meine Wünsche beim Namen zu nennen,
dass ich noch nicht einmal daran denke,
mir das Sprechen beizubringen?

Glück ist

Fühlen
mit allen Fasern meiner Haut
und meiner Seele.

Glück ist
schmecken, riechen, hören, sehen –
mit allen Sinnen.

Glück ist
weinen zu dürfen,
wenn ich traurig bin.
Lachen zu können,
wenn ich fröhlich bin.

Glück ist
reden und schweigen,
geben und nehmen,
abwarten und losgehen,
reich beschenkt werden und schenken.
Alles zu seiner Zeit.

Glück ist,
dass ich lebe.

Gnade vor Recht

Habe mir selbst das Wasser abgedreht,
war unachtsam und habe meine Öffnung zu dir
vollgestellt mit allem möglichen Gerümpel.

Jetzt wundere ich mich,
dass ich nichts von dir höre
und denke bitter:
hast du mich verlassen?

Dabei warf ich dich hinaus
aus meinem Leben.

Herr,
ich schaffe es nicht einmal,
das Gerümpel wieder zu entfernen.

Willst du mir noch einmal helfen,
willst du Gnade vor Recht
ergehen lassen?

Hoffnung

Dieser Funke Hoffnung.

Halte aus,
bis es besser wird.

Vielleicht
wird es
schlimmer?

Gnade

Mutter, Vater, Freunde.
Wissen, wo ich hingehöre.

Atmen, sehen, leben.

Habe ich es verdient,
dieses Glück.

Geschenk ist es,
Gnade,
unverdiente Gnade.

Danke.

Gott ist meine Mitte

Leben ist Veränderung und Chaos.
Gott ist meine Mitte.
Er ist und bleibt Herr,
souveräner Gott, Herr der Lage,
voller Kraft und Herrlichkeit.

Gibt mir, was gut für mich ist,
gibt mir Halt,
ist unumstößlich mein Schutz
und meine Sicherheit,
mein Licht, mein Weg, meine Kraft
in jeder Lage.

Egal wie groß das Chaos ist
in mir und außen:

Er ist Gott.

Ich bin sein geliebtes Kind.
und lebe aus seinem Frieden,
seiner Gnade und seinem Erbarmen.
Seine Güte hat kein Ende.
Das steht fest.
Ich bin sein geliebtes Kind:

Das ist gut.

Heile du mich, Herr

Bin am Ende, mutlos, krank und voller Schmerzen,
doch auch voller Selbstmitleid,
bin völlig kraftlos und fühle mich unfähig.

Ständig kreisen meine Gedanken um das, was ich tun sollte.
Berge türmen sich vor mir auf. Berge und endlose Wüste.

Mir fallen andere ein, denen es nicht gut geht.
Will ihnen helfen - und kann mir selbst nicht helfen.

Alles, aber auch wirklich alles ist mir zu viel. Ist mir zu schwer.

Mag mich nicht leiden, so, wie ich bin:
kraftlos, zerschlagen, selbstmitleidig,
voll von negativen Gedanken.
Habe keine Geduld mehr, die Situation anzunehmen.

Herr, ich glaube es und halte mich daran fest,
dass du mich noch immer lieb hast
und dass du mir gut willst, ja dass du alles ändern kannst.

Ich wünsche mir, mit dem Drehen um mich selbst
aufhören zu können,
wünsche mir, wieder gute,
mutmachende Gedanken denken zu können.

Möchte tief in deine Hand fallen,
an deinem Herzen geborgen sein,
in deinem Licht stehen und alles von dir erwarten,
alles von dir erhoffen, dankbar annehmen,
was du mir schenkst.

Herr, vergib mir meine Ungeduld,
mein Drehen um mich selber.
Nimm du meinen Körper, mit all seiner Schwäche,
mit all seinen Schmerzen,
nimm du meine Seele mit ihrer Traurigkeit,
Mutlosigkeit und Verzweiflung,
nimm du auch meinen Geist,
der sich auflehnen will, gegen dich,
in deine starken Hände und mache mich wieder heil.

»Heile du mich, Herr, so werde ich heil.
Hilf du mir, Herr, so ist mir geholfen!«

(Jeremia 17,14)

Herr, erbarme dich

Herr,
ich glaube –
hilf meinem Unglauben.

Will dich lieben.
Stärke meine Liebe,
hilf meiner Liebe wieder auf,
wenn sie fällt,
wenn sie nicht ausreicht.

Herr, ich will dir vertrauen.
Halte du mich fest,
wenn mein Vertrauen nicht mehr trägt.

Ich will auf dich sehen.
Weise du mich zurecht,
wenn ich mich von dir abwende.

Herr, erbarme dich.

Habe ich was zu verschenken?

Kann mich nicht verströmen und verschenken,
jetzt nicht. Noch nicht?
Bin ja gar nicht bei mir.
Lebe nicht mein Leben, habe nichts zu verschenken.
Bin dabei, herauszufinden, wo ich stehe,
wo ich geblieben bin.

Darf ich einfach sein, Staunen, Fühlen und Leben?
Darf ich nein sagen, bis ich ein echtes ja in meinem Herzen
finde?
Darf ich mich schützen
genau so viel, wie ich das Bedürfnis danach habe?
Meine Sehnsucht nach Schutz und
unberührtem Raum ist schier grenzenlos.

Will mich schützen und achtsam behandeln.

Bin nicht mehr auf Zuruf für euer aller Glück zuständig.

Nehme mein Leben in die eigenen Hände
und mich selbst an die Hand: Schließe Frieden mit mir.

Werde ungefällig und unbequem.
Kann es kaum ertragen, eure Liebe und euer Wohlwollen zu
verlieren.

Hatte ich denn eure Liebe jemals,
oder galt sie dem devoten Schatten meiner selbst,
galt sie dem winselnden Hund, der eure Gunst erflehte?

Will mir ins Gesicht sehen können und euch etwas zu sagen
haben.
Will wissen, wovon ich rede.

Vielleicht will ich mich verströmen und verschenken,
wenn ich mich gefunden habe.
Wenn ich Frieden geschlossen habe mit mir.

Will aus ehrlichem Herzen geben, wenn ich etwas zu geben
habe,
nicht früher.

Lasst mir Zeit – und wenn nicht, so nehme ich sie mir.

Es ist allerhöchste Zeit!

Komm Licht

Das Licht fällt durch unsere Fenster
wie neu.

Wir spielen Verstecken in den alten Schatten.

Komm Licht.

Wir wollen dich reinlassen durch alle Ritzen
und Frühling rufen.

Wir lachen dem Regen ins Gesicht
und zeigen unsere müden Augen.

Die alten Schatten, ganz nah das neue Licht.
Verscheuchte Traurigkeiten.
Wir sehen das Neue
und werden selbst neu.

Um uns und überall
erwacht das Leben.

Jesus Christus sagt:
»Ich bin das Licht der Welt.
Wer mir nachfolgt,
der wird nicht in der Finsternis bleiben,
sondern wird das Licht des Lebens haben.«
(Johannes 8, 12)

In der Krise

Das ist mein Trost,
in Dir, mein Gott, geborgen zu sein.
In Zeiten der Krise
bist Du immer
mein Schutz und meine Hilfe,
mein Weg und meine Hoffnung,
auch in großer Not.

Leben in Fülle

Jesus Christus sagt:
Ich bin der Weg, die Wahrheit und das Leben.

Ich bin der Weg.

Bin nicht nur die Tür, durch die du einmal gehst,
um zu Gott, dem Vater zu kommen.
Ich bin der Weg.
Da geht es bergauf und bergab.
Es geht durchs Helle und Dunkle,
über sonnige Höhen und durchs dürre Tal.
Hältst du dich weiter an mich?
Bleibst du auf meinem Weg,
oder ist er dir zu beschwerlich, zu ungewiss?

Ich bin die Wahrheit.

Was ich sage, täuscht dich nicht.
Was ich sage, ist wahrhaftig,
hat Hand und Fuß.
Ich bin die Wahrheit.
Darauf kannst du dich verlassen
im Chaos der tausend Meinungen,
im Tosen der Stimmen in dir und um dich herum.

Ich bin das Leben.

Ich bin nicht der Tod mit seiner Verzweiflung.
Ich bin der Anfang, der Neubeginn.
Ich bin das Leben.
Gebe dir Hoffnung und Mut zu Leben.
Ich bin gekommen, damit du Leben in Fülle
haben sollst.

Jesus Christus sagt:
Ich lebe. Und ihr sollt auch leben.

Leben lernen

In deine Hand fallen lassen.
In deiner Hand geborgen sein.
Aus deiner Hand alles nehmen.
An deiner Hand sicher gehen.

Aus deiner Liebe leben.

Leben lernen und Leben finden,
bei dir, mein Gott.

Danke.

Leere Augen

Leere Augen.
Enttäuschtes Herz
Schmerzhaftes Leben.
Fast schon aufgegeben.

Wie kann ich
ein Lächeln
in deine Augen zaubern.
Ein Pflänzchen Hoffnung
wachsen lassen.
Ein Licht entzünden,
in deiner Dunkelheit.

Du geliebtes Menschenkind,
da ist einer da für dich,
der will, dass du leben kannst.
Der kommt zu dir
und holt dich ab in der tiefsten Tiefe,
in der dunkelsten Dunkelheit.
Aus aller Hoffnungslosigkeit.

Gott ist da
für dich.

Das ist
sicher.

Lichtträger

Ich will ein Licht anzünden,
wo es besonders dunkel ist,
will dorthin Segen bringen,
wo er besonders nötig ist,
will da Hoffnung wecken,
wo man besonders mutlos ist,
will losgehn und den ersten Schritt tun,
wo man wie versteinert ist.

Lass uns Lichtträger sein,
wo alles im Dunkeln,
ein heller Schein
in der Finsternis.

Lass uns Segensbringer sein
in schweren Zeiten.
Ein froher Mut
wächst neu ins Leben.

Lass uns Hoffnungsmenschen sein
in Mutlosigkeiten.
Ein Wort, das Wert hat.
Die Hoffnung trägt durch.

Liebe ist

Liebe ist,
sich im Lächeln des anderen wiederfinden,
in seiner Berührung
die eigene Wärme spüren.

Liebe ist
vertrauen dürfen,
nicht stark sein müssen,
vergeben wollen.

Liebe ist,
nach Hause kommen.

Liebe

Liebe
verändert die Welt,
indem sie in mir
anfängt.

Meine Last ist leicht

Herr, du sagst:
»Ich meine es gut mit euch und bürde euch keine unerträgliche
Last auf.«
(Matthäus 11,30)

Es scheint mir jedoch, dass du mich überschätzt hast.

Du traust und mutest mir so viel zu.
Es ist zuviel. Herr, es ist genug. Ich kann nicht mehr.

Mit meiner Kraft bin ich am Ende.
Ganz und gar
und bin so müde. -

Doch ich darf kommen
und mich fallen lassen,
ganz tief fallen in deine Hände.

Danke, dass ich schwach sein darf und müde
und nun ausruhen kann
in deiner Liebe.

Ich kann nicht mehr halten.
Du aber hältst und trägst.
Du hebst den auf, der gefallen ist
und holst den zurück, der sich verirrt hat.

Danke. Deine Güte und Geduld,
dein Erbarmen haben kein Ende.
Denn am Anfang steht:

Es ist vollbracht.

Zu meiner Person:
Geb. 28.02.1962
Susanne Schutkowski

Geboren und aufgewachsen bin ich in Leverkusen. Seit meiner
Kindheit gehöre ich zur Freien evangelischen Gemeinde
Leverkusen Wiesdorf und bin dort als Jugendliche zum
persönlichen Glauben an Jesus Christus gekommen.

Mein Leben mit Gott und die Auseinandersetzung mit ihm
spiegelt sich in meinen Texten wider, ebenso Impulse aus
Gesprächen und Begegnungen mit anderen Menschen. Mein
Anliegen ist es, Mut zu machen zum Leben und immer wieder
Mut zu machen für die Entscheidung zu einem Dennoch in all
den Begrenzungen unseres Lebens.

Seit 1982 bin ich verheiratet und habe keine Kinder. Von Beruf
bin ich Sekretärin, kann diesen Beruf jedoch wegen einer
chronischen Erkrankung nicht mehr ausüben.

In einigen Klinikauf¬enthalten ist mir im Gespräch mit anderen
Menschen klargeworden, wie wichtig es ist, auch dann noch
eine Hoffnung zu haben, wenn ärztliche Heilkunst an ihre
Grenzen stößt - und von dieser Hoffnung weiterzusagen! - In
meinem Leben darf ich erfahren, dass Gott mich und andere
Menschen auch trotz Schwäche und Krankheit gebrauchen
kann. Bei Gott gelten andere Wertmaßstäbe. Und auch davon
möchte ich gerne weitersagen